Libro sul mercato azionario USA per principianti

Guida agli investimenti per l'apprendimento e Capire le basi

Di Brian Mahoney

Indice dei contenuti

Introduzione

Capitolo 1 Le basi del mercato azionario Capitolo 2

Vantaggi e rischi dell'investimento Capitolo 3

Impostazione del successo

Capitolo 4 Tipi di investimento nel mercato azionario Capitolo

5 Costruire la propria strategia di investimento

Capitolo 6 Analisi delle azioni - Come prendere decisioni di investimento informate

Capitolo 7 Gestione del rischio e diversificazione del portafoglio

Capitolo 8 Il potere della costanza - Costruire ricchezza a lungo termine

Capitolo 9 Strategie fiscali e massimizzazione dei rendimenti degli investimenti

Capitolo 10: Come mettere insieme i pezzi - La vostra roadmap per il successo dell'investimento

Conclusione Glossario

dei termini

Apparecchiature e forniture software necessarie per iniziare

Risorse

Esclusione di responsabilità

Le informazioni fornite in questo libro hanno uno scopo puramente educativo e non devono essere considerate come consigli finanziari o di investimento. Le strategie, le tecniche e le opinioni qui condivise si basano su conoscenze generali ed esperienze personali. Investire nel mercato azionario comporta dei rischi, tra cui la potenziale perdita del capitale. Le performance passate non sono indicative dei risultati futuri.

L'autore, l'editore e le parti associate non sono responsabili di eventuali decisioni di investimento prese sulla base delle informazioni contenute in questo libro. Prima di prendere qualsiasi decisione finanziaria, i lettori dovrebbero consultare un consulente finanziario qualificato o fare ricerche approfondite per assicurarsi che le loro scelte di investimento siano in linea con i loro obiettivi finanziari e la loro tolleranza al rischio.

Utilizzando questo libro, l'utente dichiara di comprendere i rischi connessi agli investimenti e che qualsiasi azione intrapresa sulla base dei contenuti forniti è esclusivamente a sua discrezione.

Introduzione

Benvenuti nel mondo degli investimenti in borsa, dove le opportunità di crescita finanziaria e di indipendenza attendono chi è disposto a imparare, pianificare e agire. Se siete qui perché siete stanchi di vedere i vostri risparmi crescere a passo di lumaca in un conto bancario tradizionale o perché avete sentito storie di successo di persone che hanno costruito ricchezza investendo nel mercato azionario, questo libro è la vostra porta d'accesso a un futuro finanziario migliore.

Se l'idea di investire sembra opprimente - piena di gergo criptico, grafici fluttuanti e rischi intimidatori - non siete soli. Molti principianti si sentono così all'inizio. Tuttavia, con la giusta guida e una solida comprensione delle basi, vi renderete presto conto che il mercato azionario non è così misterioso come sembra. Anzi, è uno dei metodi più accessibili e collaudati per costruire una ricchezza a lungo termine, indipendentemente dal punto di partenza.

Questo libro è stato progettato appositamente per i principianti come voi. La nostra missione è quella di scomporre l'apparentemente complesso mondo degli investimenti in passi pratici e gestibili, che potete intraprendere immediatamente. Non è necessario avere una laurea in finanza o un background in economia per iniziare. Tutto ciò che serve è curiosità, impegno e voglia di imparare.

Ecco cosa potete aspettarvi mentre intraprendiamo questo viaggio insieme:

Conoscenze fondamentali: Imparerete i principi fondamentali di come funziona il mercato azionario, perché le società emettono azioni e come gli investitori come voi possono trarne vantaggio.

Strategie chiare: Esploreremo vari tipi di investimenti, come le singole azioni, i fondi comuni di investimento, gli ETF e altro ancora, in modo che possiate prendere decisioni informate in base ai vostri obiettivi e alla vostra tolleranza al rischio.

Strumenti e tecniche: Dalla comprensione dei bilanci all'utilizzo delle piattaforme di trading, acquisirete le competenze pratiche per navigare con sicurezza nel mercato.

La mentalità del successo: Investire con successo non è solo questione di numeri, ma anche di disciplina, pazienza e prospettiva a lungo termine. Parleremo di come sviluppare la giusta mentalità per rimanere in carreggiata.

Soprattutto, questo libro enfatizza la semplicità. Non è necessario inseguire ogni nuova tendenza o fare day trading in modo ossessivo per avere successo. Al contrario, imparerete strategie collaudate nel tempo che si concentrano su una crescita costante e sostenibile. Investire è una maratona, non uno sprint, e questo libro vi fornirà gli strumenti per mantenere la rotta e raggiungere i vostri obiettivi finanziari.

Alla fine di questo libro, non solo capirete i meccanismi del mercato azionario, ma vi sentirete anche sicuri di muovere i primi passi come investitori. Sia che vogliate costruire un fondo pensione, risparmiare per un evento importante della vita o semplicemente accrescere il vostro patrimonio, le conoscenze acquisite in questo libro vi serviranno come base per il successo.

Quindi, iniziamo. Il vostro viaggio verso l'emancipazione finanziaria inizia ora.

Capitolo 1: I fondamenti del mercato azionario

1.1 Che cos'è il mercato azionario?

Definizione: Un mercato in cui acquirenti e venditori scambiano azioni di società quotate in borsa.
Scopo: aiutare le imprese a raccogliere capitali e offrire agli investitori opportunità di guadagno.
Analogia: Il mercato azionario come supermercato della proprietà aziendale.

1.2 Come funziona il mercato azionario

Borse valori: Piattaforme centralizzate come il New York Stock Exchange (NYSE) e il NASDAQ, dove avvengono le contrattazioni.
Partecipanti al mercato:
Investitori: Privati, istituzioni e governi. Broker: Intermediari che mettono in contatto acquirenti e venditori.
Market Makers: Entità che assicurano la liquidità quotando costantemente i prezzi di acquisto e di vendita.
Orari di negoziazione: Orari tipici di negoziazione del mercato azionario (ad esempio, dalle 9:30 alle 16:00 ET negli Stati Uniti).

1.3 Concetti chiave da conoscere

Azioni: Unità di proprietà di una società.
Prezzi delle azioni: Determinati dall'offerta, dalla domanda e dal sentimento degli investitori.
Capitalizzazione di mercato: Il valore totale delle azioni di una società, che indica le sue dimensioni.
Indici: Parametri di riferimento come l'S&P 500, il Dow Jones e il NASDAQ Composite che tracciano la performance complessiva del mercato.

1.4 Perché le aziende si quotano in borsa

Offerta pubblica iniziale (IPO): La prima vendita di azioni di una società al pubblico per raccogliere fondi.
Vantaggi per le aziende: Accesso al capitale per la crescita, il rimborso del debito o le acquisizioni.
Cosa significa per gli investitori: Le IPO come opportunità di acquisto della crescita nelle fasi iniziali.

1.5 Tipi di mercati azionari

Mercato primario: Dove vengono emessi nuovi titoli (ad esempio, durante un'IPO).
Mercato secondario: Dove i titoli emessi in precedenza vengono scambiati tra gli investitori.

1.6 Gli attori del mercato azionario

Investitori al dettaglio: Persone comuni che acquistano azioni tramite broker o piattaforme online.
Investitori istituzionali: Grandi organizzazioni come fondi pensione, fondi comuni e hedge fund.
Regolatori: Organismi come la Securities and Exchange Commission (SEC) che garantiscono pratiche corrette e trasparenti.

1.7 Prospettiva storica sul mercato azionario

Le origini: I primi scambi azionari ad Amsterdam e la creazione del NYSE nel 1792.
Pietre miliari: La Grande Depressione, la bolla delle dot-com e le crisi finanziarie che hanno dato forma agli investimenti moderni.
Evoluzione tecnologica: Dal floor trading alle transazioni digitali ad alta velocità.

1.8 Perché il mercato azionario è importante per voi

Crescita finanziaria personale: Costruire ricchezza nel tempo attraverso la capitalizzazione.
Indicatore economico: Riflette la salute delle industrie e delle economie.
Accesso all'innovazione: Investire in industrie all'avanguardia e in startup che danno forma al futuro.

1.9 Sfatare i miti comuni

"Il mercato azionario è solo un gioco d'azzardo".
   Contrappunto: l'investimento si basa sulla ricerca e sulla strategia, a differenza dei giochi d'azzardo.
"Per investire bisogna essere ricchi".
   Contrappunto: Le piattaforme consentono ora di iniziare con un minimo di
$5.
"È troppo complicato per i principianti".
   Contrappunto: L'educazione e le strategie semplici lo rendono accessibile.

Conclusione:

Comprendere le basi del mercato azionario significa fare il primo passo per diventare un investitore sicuro. Il prossimo capitolo esplorerà i vantaggi e i rischi, aiutandovi a decidere in che modo gli investimenti sono in linea con i vostri obiettivi.

Capitolo 2: Vantaggi e rischi degli investimenti

2.1 I potenziali vantaggi degli investimenti

L'investimento nel mercato azionario può offrire notevoli vantaggi se affrontato con saggezza:

Costruire la ricchezza nel tempo:

Esempio: Rendimenti medi storici del 7-10% all'anno per l'S&P 500. Spiegazione di come l'interesse composto amplifichi i rendimenti per decenni.

Battere l'inflazione:

Perché il risparmio da solo non basta; il mercato azionario aiuta a preservare e ad accrescere il potere d'acquisto.

Generazione di reddito:

Azioni che pagano dividendi come fonte di reddito passivo.

Partecipazione alle imprese:

In che modo l'acquisto di azioni vi fa diventare proprietari dell'azienda, beneficiando del suo successo.

Flessibilità e liquidità:

Le azioni possono essere vendute al valore di mercato, offrendo liquidità rispetto ad altri investimenti come gli immobili.

2.2 Comprendere i rischi degli investimenti in borsa

Ogni opportunità è accompagnata da potenziali svantaggi. La consapevolezza e la preparazione sono fondamentali:

Volatilità del mercato:

I prezzi possono salire e scendere bruscamente a causa delle notizie, delle condizioni economiche o del sentimento degli investitori.

Esempio: Cali durante eventi come la crisi finanziaria del 2008 o la pandemia del 2020.

Rischi specifici dell'azienda:
La cattiva gestione, la concorrenza o gli scandali possono far crollare i singoli titoli.

Rischi economici:
Recessioni, variazioni dei tassi di interesse ed eventi geopolitici che interessano interi settori o mercati.

Rischio di liquidità:
Alcuni titoli minori possono essere difficili da vendere rapidamente senza che il loro prezzo ne risenta.

Investire emotivamente:
La paura e l'avidità portano a decisioni sbagliate, come il panic selling durante le flessioni dei mercati.

2.3 Bilanciare rischio e ricompensa

Il tradeoff rischio-rendimento:

A rendimenti potenziali più elevati corrispondono spesso rischi più elevati.

Esempio: Confronto tra azioni blue-chip più sicure e azioni speculative ad alto rischio.

Il ruolo del tempo:

Come gli investimenti a lungo termine attenuano la volatilità a breve

termine. Enfasi sulla pazienza e sulla disciplina.

La diversificazione come scudo:

Distribuire gli investimenti tra settori e classi di attività per ridurre il rischio.

2.4 Gestire il rischio in modo efficace

Strategie attuabili per ridurre al minimo l'esposizione alle

perdite: Asset Allocation:

Distribuire gli investimenti tra azioni, obbligazioni e liquidità in base ai vostri obiettivi e alla vostra tolleranza al rischio.

Diversificazione del portafoglio:

Evitare la concentrazione in un solo titolo, settore o area geografica.
Esempio: Un portafoglio bilanciato con tecnologia, sanità, beni di consumo e titoli energetici.

Impostazione degli ordini di stop-loss:

Automatizzare le vendite se i prezzi delle azioni scendono a un livello prestabilito per limitare le perdite.

Evitare la leva finanziaria:

Rischi del prestito di denaro per gli investimenti.

Educare se stessi:

Rimanere informati sul mercato e sulle tendenze in atto.

2.5 Allineare il rischio al profilo personale

Valutazione della tolleranza al rischio:
Domande per determinare se siete conservatori, moderati o aggressivi.
Esempio: Come vi sentireste se il vostro portafoglio scendesse del 20% in una settimana?
Considerazioni sulla fase di vita:
Gli investitori più giovani possono assumere maggiori rischi per la crescita a lungo termine.
I pensionati possono dare priorità alla stabilità e al reddito.

2.6 Casi di studio: Bilanciare rischio e ricompensa

Una storia di successo:

Un giovane investitore che utilizza i fondi indicizzati per costruire la propria ricchezza in 30 anni.

Racconto cautelativo:

Un trader speculativo che perde denaro inseguendo i "consigli caldi" senza fare ricerche.

Conclusione:

Investire nel mercato azionario offre enormi vantaggi, ma comporta dei rischi intrinseci. Capire questi rischi e come gestirli vi permetterà di prendere decisioni informate e sicure. Il prossimo capitolo vi guiderà nella creazione di una solida base per gli investimenti, a partire da obiettivi chiari e dagli strumenti giusti.

Capitolo 3: Impostazione per il successo

3.1 Definire gli obiettivi finanziari

Prima di investire, è fondamentale stabilire obiettivi chiari. Considerate questi obiettivi comuni:

Obiettivi a breve termine: Risparmiare per un'auto, una vacanza o un fondo di emergenza (orizzonte temporale: 1-3 anni).

Tipi di investimento: Conti di risparmio ad alto rendimento o ETF conservativi.

Obiettivi a medio termine: Acquistare una casa, finanziare gli studi o avviare un'attività commerciale (orizzonte temporale: 3-10 anni).

Tipi di investimento: Mix equilibrato di azioni e obbligazioni.

Obiettivi a lungo termine: Pensionamento o creazione di ricchezza (orizzonte temporale: 10+ anni).

Tipi di investimento: Fondi indicizzati ad ampio spettro, azioni di crescita e azioni che pagano dividendi.

Fase d'azione: Scrivete i vostri obiettivi con le relative scadenze per chiarire il vostro scopo di investimento.

3.2 Valutare la propria tolleranza al rischio

Per costruire un portafoglio adatto a voi, è fondamentale capire quanto siete disposti a rischiare:

Livelli di tolleranza al rischio:

Conservatore: Privilegia la conservazione del capitale con rendimenti inferiori.

Moderato: Disposti ad accettare un rischio moderato per una crescita equilibrata.

Aggressivo: Si sente a proprio agio con la volatilità per ottenere rendimenti potenziali più elevati.

Fattori che influenzano la tolleranza al rischio:

Età: gli investitori più giovani hanno in genere una maggiore tolleranza al rischio, grazie a un orizzonte temporale più lungo.

Stabilità del reddito e obblighi finanziari: Un reddito stabile consente un rischio maggiore.

Personalità: come si gestisce lo stress durante le flessioni del mercato.

Fase d'azione: Fate un quiz sulla tolleranza al rischio per valutare il vostro livello di comfort.

3.3 Creare un fondo di emergenza

Prima di investire, assicuratevi di avere una rete di sicurezza finanziaria:

Perché è essenziale: Protegge dalla necessità di vendere gli investimenti in caso di emergenza.

Quanto risparmiare: 3-6 mesi di spese di sostentamento in un conto altamente liquido e a basso rischio.

Dove tenerli: conti di risparmio ad alto rendimento o fondi del mercato monetario.

Fase d'azione: Calcolate le vostre spese mensili e iniziate a creare un fondo di emergenza, se non ne avete già uno.

3.4 Scegliere il giusto conto di intermediazione

Il conto di intermediazione è la porta d'accesso al mercato azionario. Considerazioni chiave:

Tipi di conti:

Conto di intermediazione standard: Offre flessibilità senza restrizioni sui prelievi.

Conti pensione: Conti fiscalmente agevolati come IRA o 401(k) per obiettivi a lungo termine.

Caratteristiche da ricercare:

Spese e commissioni ridotte

Piattaforme di facile utilizzo

Accesso a strumenti di ricerca e risorse educative Disponibilità del servizio clienti

Broker online popolari per principianti:

Fidelity, Charles Schwab, TD Ameritrade, Robinhood e E*TRADE.

Fase d'azione: Confrontate i broker e sceglietene uno che risponda alle vostre esigenze.

3.5 Comprendere i requisiti dell'investimento iniziale

Iniziare con poco: molti broker permettono di iniziare con soli 5 dollari utilizzando azioni frazionate.

Budget per gli investimenti: Destinate una percentuale del vostro reddito, ad esempio il 10-20%, agli investimenti.

Evitare la sovraestensione: Investite solo ciò che potete permettervi di perdere senza incidere sulle vostre spese essenziali.

Fase d'azione: Decidere l'importo dell'investimento iniziale e fissare un obiettivo di contribuzione mensile.

3.6 Costruire la giusta mentalità per il successo

Per investire con successo non bastano i soldi, ma occorre la giusta mentalità:

Pazienza: Capire che la costruzione di ricchezza richiede tempo.

Disciplina: Attenersi alla propria strategia, anche durante le fluttuazioni del mercato.

Apprendimento continuo: Rimanere curiosi e informati sulle tendenze e le strategie del mercato.

Controllo delle emozioni: Evitare le decisioni impulsive dettate dalla paura o dall'avidità.

Passo d'azione: Impegnatevi a pensare a lungo termine scrivendo affermazioni sul vostro percorso di investimento.

3.7 Impostazione dei contributi automatici

L'automazione degli investimenti semplifica il processo e garantisce la coerenza:

Vantaggi:

Evita la tentazione di temporizzare il mercato.

Costruisce la ricchezza in modo costante nel tempo.

Come automatizzare:

Impostate trasferimenti ricorrenti dalla vostra banca al vostro conto di intermediazione.

Utilizzare i robo-advisor per la gestione automatizzata del portafoglio.

Fase d'azione: Impostate un trasferimento mensile automatico sul vostro conto di intermediazione.

3.8 Monitoraggio dei progressi e adeguamento degli obiettivi

I vostri obiettivi finanziari e la vostra situazione possono cambiare nel tempo. Le revisioni periodiche aiutano a mantenere la rotta:

Tracciare la performance del portafoglio: Confrontate i rendimenti con i vostri benchmark di riferimento.

Rivedere gli obiettivi: Adattare le tempistiche o i contributi se necessario.

Rimanere flessibili: Siate pronti a modificare le strategie in base ai cambiamenti della vita.

Fase d'azione: Programmare check-in trimestrali per rivedere gli obiettivi e il portafoglio.

Conclusione:

Stabilendo obiettivi chiari, preparandovi finanziariamente e scegliendo gli strumenti giusti, creerete una solida base per il successo in borsa. Il prossimo capitolo approfondirà i vari tipi di investimento disponibili per aiutarvi a diversificare e ottimizzare il vostro portafoglio.

Capitolo 4: Tipi di Investimenti nel mercato azionario

4.1 Azioni ordinarie

Definizione: Azione che rappresenta la proprietà di una società, con diritto di voto nelle assemblee degli azionisti.

Caratteristiche principali:

Offre un potenziale di rivalutazione del capitale con la crescita della società.

Possono pagare dividendi, ma non sono garantiti.

Esempio: Apple (AAPL) o Tesla (TSLA).

Pro:

Alto potenziale di crescita.

Il diritto di voto dà agli azionisti la possibilità di esprimersi sulle principali decisioni aziendali.
Contro:

Maggiore rischio di volatilità dei prezzi.

I pagamenti dei dividendi possono fluttuare o cessare in caso di difficoltà finanziarie.

4.2 Azioni privilegiate

Definizione: Tipo di azione che offre dividendi fissi e priorità rispetto agli azionisti comuni in caso di liquidazione.

Caratteristiche principali:

In genere non dà diritto di voto.

Reddito più stabile rispetto alle azioni ordinarie.

Pro:

    Reddito da dividendi affidabile.

    Volatilità inferiore a quella delle azioni ordinarie.

Contro:

    Potenziale di crescita limitato rispetto alle azioni ordinarie. Minore liquidità sul mercato.

4.3 Fondi negoziati in borsa (ETF)

Definizione: Fondi di investimento che operano in borsa e che detengono un portafoglio diversificato di attività.

Caratteristiche principali:

    Traccia indici (ad esempio, S&P 500), settori o temi specifici.

    Esempio: SPDR S&P 500 ETF (SPY) o Vanguard Total Stock Market ETF (VTI).

Pro:

    Diversificazione immediata.

    Bassi rapporti di spesa e commissioni di gestione.

    Facile da acquistare e vendere come le singole azioni.

Contro:

    Nessun controllo sulle singole attività del fondo.

    Potenziale di guadagno limitato rispetto alla selezione dei singoli titoli.

4.4 Fondi comuni di investimento

Definizione: Fondi d'investimento che mettono in comune il denaro di più investitori per investire in un portafoglio di attività gestito in modo professionale.

Caratteristiche principali:

Gestiti attivamente dai gestori di fondi.

Esempio: Fidelity Contrafund o Vanguard 500 Index Fund.

Pro:

La gestione professionale semplifica gli investimenti. La

diversificazione riduce il rischio.

Contro:

Commissioni più elevate rispetto agli ETF.

La performance del fondo potrebbe non essere costantemente superiore a quella del mercato.

4.5 Fondi indicizzati

Definizione: Un tipo di fondo comune o ETF che segue uno specifico indice di mercato, come l'S&P 500 o il NASDAQ.

Caratteristiche principali:

Gestione passiva per rispecchiare la performance dell'indice.

Pro:

Tasse estremamente basse.

Rendimenti storicamente affidabili nel lungo periodo.

Contro:

Limitato alla performance dell'indice che segue.

Nessuna flessibilità nell'adeguare le partecipazioni in caso di cambiamenti di mercato.

4.6 Azioni che pagano dividendi

Definizione: Azioni di società che distribuiscono regolarmente una parte degli utili agli azionisti sotto forma di dividendi.

Caratteristiche principali:

Esempi: Coca-Cola (KO) o Procter & Gamble (PG). I dividendi

possono essere reinvestiti per ottenere una crescita composta.

Pro:

Flusso di reddito affidabile, anche durante le flessioni del mercato.

Potenziale di reddito e di rivalutazione del capitale.

Contro:

Il pagamento dei dividendi non è garantito.

Potenziale di crescita inferiore rispetto ai titoli a forte crescita.

4.7 Azioni in crescita

Definizione: Azioni di società per le quali si prevede una crescita degli utili superiore alla media rispetto al mercato.

Caratteristiche principali:

Esempi: Amazon (AMZN) o Nvidia (NVDA).

Spesso reinvestono gli utili nell'espansione piuttosto che pagare i dividendi.

Pro:

Elevato potenziale di significative plusvalenze. Rappresenta industrie innovative e ad alto rendimento.

Contro:

Maggiore rischio e volatilità.

I ritorni possono richiedere anni prima di concretizzarsi.

4.8 Azioni di valore

Definizione: Azioni che scambiano a un prezzo inferiore rispetto ai loro fondamentali (ad esempio, utili, dividendi).

Caratteristiche principali:

Esempi: JPMorgan Chase (JPM) o Berkshire Hathaway (BRK.A).

Spesso si tratta di società mature con utili costanti.

Pro:

Potenziale di rivalutazione dei prezzi quando il mercato "corregge" la sottovalutazione.

Rischio di ribasso inferiore rispetto ai titoli speculativi.

Contro:

La crescita può essere più lenta rispetto alle medie di mercato.

Richiede pazienza per vedere i rendimenti.

4.9 Investimenti specifici per settore

Definizione: Investimenti mirati in settori specifici come la tecnologia, la sanità, l'energia o il settore immobiliare.

Caratteristiche principali:

Esempi: ETF tecnologici o REIT (Real Estate Investment Trusts).

Pro:

Consente di puntare su settori in forte crescita o ad alta domanda.

Migliora la diversificazione del portafoglio.

Contro:

Concentrazione del rischio in un unico settore.

Vulnerabilità alle flessioni specifiche del settore.

4.10 Bilanciare il portafoglio con diverse tipologie

Perché la diversificazione è importante: La diversificazione degli investimenti riduce il rischio complessivo.

Esempio di allocazione del portafoglio per i

principianti: 60% in fondi indicizzati o ETF.

20% in azioni che pagano dividendi.

10% in azioni di crescita.

10% in investimenti settoriali specifici.

Fase d'azione: Iniziate selezionando 1-2 tipi di investimento che corrispondono ai vostri obiettivi e ampliateli gradualmente man mano che acquisite sicurezza.

Conclusione:

Conoscere i diversi tipi di investimenti in borsa è il primo passo per creare un portafoglio completo. Il prossimo capitolo vi insegnerà a sviluppare strategie per combinare questi investimenti in base ai vostri obiettivi personali e alla vostra tolleranza al rischio.

Capitolo 5: Costruire la propria strategia di investimento

5.1 L'importanza di avere una strategia

Investire senza un piano chiaro è come navigare senza una mappa. Ecco perché una strategia è fondamentale:

Guida le vostre decisioni: Vi mantiene in linea con i vostri obiettivi finanziari.

Prepara alla volatilità: Riduce le decisioni emotive durante le fluttuazioni del mercato.

Ottimizza le vostre risorse: Assicura che il vostro denaro lavori efficacemente per voi.

Idea chiave: Una buona strategia bilancia il rischio e la ricompensa adattandosi alle circostanze individuali.

5.2 Definire gli obiettivi di investimento

La strategia inizia con la definizione degli obiettivi.

Obiettivi a breve termine: Obiettivi da raggiungere entro 1-3 anni, come ad esempio risparmiare per l'acconto di una casa.

Esempio di strategia: Concentrarsi su investimenti a basso rischio come obbligazioni o fondi del mercato monetario.

Obiettivi a lungo termine: Obiettivi a più di 10 anni di distanza, come la pensione.

Esempio di strategia: Privilegiare gli investimenti di crescita come le azioni e i fondi indicizzati.

Obiettivi combinati: Bilanciare più scadenze con portafogli diversificati.

Passo d'azione: Scrivete i vostri obiettivi e i tempi per raggiungerli.

5.3 Determinare l'asset allocation

L'asset allocation è la ripartizione degli investimenti tra le diverse classi di attività, come azioni, obbligazioni e liquidità.

Perché è importante:

Controlla il profilo di rischio-rendimento del vostro portafoglio.

Si allinea ai vostri obiettivi finanziari e alla vostra tolleranza al rischio.

Modelli di allocazione comuni:

Aggressivo: 80-90% in azioni, 10-20% in obbligazioni/cassa.

Moderato: 60-70% in azioni, 30-40% in obbligazioni/cassa.

Conservatore: 30-50% in azioni, 50-70% in obbligazioni/cassa.

Regolazione nel tempo:

Passare a un'allocazione più conservativa man mano che ci si avvicina alla pensione.

Esempio di regola: Regola del "110 meno l'età" - Sottraete la vostra età da 110 per determinare la percentuale di azioni nel vostro portafoglio.

Fase d'azione: Scegliere un'asset allocation che rifletta i propri obiettivi e la propria tolleranza al rischio.

5.4 Diversificazione: Distribuire il rischio tra gli investimenti

La diversificazione protegge il portafoglio riducendo la dipendenza da un singolo investimento.

Cosa diversificare:

Attraverso le classi di attività: Azioni, obbligazioni, ETF, immobili, ecc.

All'interno delle classi di attività: Investire in diversi settori, industrie e aree geografiche.

Perché funziona:

Un investimento poco performante viene compensato da altri più performanti.

Esempio: I titoli tecnologici possono scendere, ma quelli sanitari possono salire durante una recessione.

Fase d'azione: Costruire un portafoglio con un mix di attività e settori per ridurre il rischio complessivo.

5.5 Scegliere tra strategie attive e passive

Investire attivamente:

Comporta l'acquisto e la vendita frequente di titoli per sovraperformare il mercato.

Richiede ricerche, tempo e competenze significative.

Esempio: Stock-picking o investimenti in fondi a gestione attiva.

Investimenti passivi:

Si concentra sull'adeguamento alla performance del mercato piuttosto che sul suo superamento.

Esempio: Investire in fondi indicizzati o ETF.

Qual è la soluzione giusta per voi?

I principianti spesso traggono vantaggio dalle strategie passive per la loro semplicità e i costi ridotti.

Passo d'azione: Decidere se si preferisce investire con le mani in mano (attivo) o senza mani in mano (passivo).

5.6 Mediazione del costo del dollaro: Un approccio per principianti

Cos'è: investire regolarmente un importo fisso, indipendentemente dalle condizioni di mercato.

Come funziona:

Acquista più azioni quando i prezzi sono bassi e meno quando sono alti.

Riduce l'impatto della volatilità del mercato. Esempio:

Investire 200 dollari al mese in un ETF.

Perché è efficace:

Semplifica l'investimento ed elimina la tentazione di cronometrare il mercato.

Fase d'azione: Impostare i contributi automatici per implementare la media del costo del dollaro.

5.7 Riequilibrare il portafoglio

Che cos'è: aggiustare periodicamente il portafoglio per mantenere l'asset allocation desiderata.

Perché è importante:

Evita la sovraesposizione a una singola classe di attività.

Blocca i guadagni e garantisce l'allineamento con la vostra tolleranza al rischio.

Esempio: Se le azioni passano dal 60% al 75% del portafoglio, vendere alcune azioni o aggiungere obbligazioni per riequilibrare.

Ogni quanto tempo riequilibrare:

Annualmente o quando le allocazioni si discostano significativamente dal vostro obiettivo.

Fase d'azione: Programmare una revisione annuale per riequilibrare il portafoglio.

5.8 Gestire le trappole emotive

Evitare gli errori più comuni:

Paura di perdersi (FOMO): Acquistare titoli guidati dall'hype.

Panic Selling: Reazione emotiva ai ribassi del mercato. Fiducia

eccessiva: Assumere rischi eccessivi dopo alcune vittorie.

Strategie per rimanere disciplinati:

Concentrarsi sugli obiettivi a lungo

termine.

Ignorate il rumore quotidiano del mercato e il sensazionalismo

dei media. Attenetevi al vostro piano, anche durante la volatilità.

Fase d'azione: Creare una lista di controllo per ricordare la propria strategia a lungo termine durante le turbolenze del mercato.

5.9 Casi di studio: Applicazioni del mondo reale Caso

di studio 1: Un portafoglio di crescita per

principianti

Investitore: Trentenne che risparmia per la pensione.

Strategia: 80% in fondi indicizzati, 10% in ETF settoriali, 10% in obbligazioni.

Risultato: Crescita costante in 10 anni grazie alla media dei costi in dollari.

Caso di studio 2: un approccio conservativo per un investitore prossimo

al pensionamento: 60enne che si prepara al pensionamento.

Strategia: 40% in azioni che pagano dividendi, 40% in obbligazioni, 20% in REIT.

Risultato: Reddito costante con un rischio minimo.

Conclusione:

Una strategia d'investimento ben fatta è il vostro progetto per raggiungere il successo finanziario. Stabilendo obiettivi chiari, diversificando il portafoglio e gestendo le emozioni, è possibile navigare nel mercato azionario con sicurezza. Nel prossimo capitolo ci addentreremo nell'analisi dei titoli e nella lettura dei rapporti finanziari per prendere decisioni di investimento informate.

Capitolo 6: Analisi dei titoli - Come prendere decisioni di investimento informate

6.1 L'importanza dell'analisi dei titoli

Investire in azioni non è un azzardo se lo si affronta con le giuste informazioni. Analizzare le azioni vi aiuta:

Comprendere la salute dell'azienda: Valutare la solidità e la stabilità finanziaria.

Valutare il potenziale di crescita: Identificare le opportunità di rivalutazione del capitale.

Gestire il rischio: evitare le società sopravvalutate o con scarso rendimento.

Idea chiave: Un buon investitore è anche un buon ricercatore.

6.2 Analisi fondamentale: Scavare nelle basi

L'analisi fondamentale valuta il valore intrinseco di una società esaminando le sue performance finanziarie e commerciali.

6.2.1 Comprensione dei bilanci Conto economico (Conto economico):

Traccia le entrate, le spese e il reddito netto.

Metriche chiave: Crescita dei ricavi, margine di profitto netto.

Esempio: Un'azienda con ricavi in crescita e margini stabili mostra redditività.

Bilancio:

Elenca le attività, le passività e il patrimonio netto di una società.

Metriche chiave: Rapporto debito/patrimonio netto, rapporto corrente.

Esempio: Un'azienda con un debito elevato rispetto al capitale proprio può essere finanziariamente instabile.

Rendiconto finanziario:

>Mostra come viene generata e utilizzata la liquidità.

>Metriche chiave: Flusso di cassa libero, Flusso di cassa operativo.

>Esempio: Un flusso di cassa positivo indica che l'azienda può sostenere le operazioni e la crescita.

6.2.2 Rapporti finanziari chiave

Rapporto prezzo/utile (P/E):

>Misura il prezzo del titolo rispetto all'utile per azione (EPS).

>Un P/E elevato può indicare una sopravvalutazione; un P/E basso può segnalare un affare.

Rapporto debito/patrimonio netto (D/E):

>Confronta il debito totale con il patrimonio netto.

>Rapporti più bassi spesso indicano stabilità finanziaria.

Rendimento del capitale proprio (ROE):

>Mostra l'efficacia con cui il management utilizza il capitale proprio per generare profitti.

>Un ROE più elevato indica una migliore efficienza.

Fase d'azione: Utilizzate risorse gratuite come Yahoo Finance o Morningstar per accedere a bilanci e indici finanziari.

6.3 Analisi tecnica: Capire le tendenze del mercato

L'analisi tecnica si concentra sui movimenti dei prezzi dei titoli e sul volume degli scambi per identificare i modelli.

6.3.1 Grafici e schemi comuni

Grafici a linee: Traccia il prezzo delle azioni nel tempo; ideale per i principianti.

Grafici a candela: Forniscono informazioni dettagliate sui movimenti dei prezzi in un periodo specifico.

Modelli chiave:

Testa e spalle: Indica una potenziale inversione di tendenza. Doppio fondo: Suggerisce un'inversione rialzista (al rialzo).

6.3.2 Indicatori tecnici popolari Medie mobili:

La media mobile semplice (SMA) attenua i dati di prezzo per una visione più chiara del trend.

Esempio: L'incrocio della SMA a 50 giorni con la SMA a 200 giorni è spesso un segnale rialzista.

Indice di forza relativa (RSI):

Misura le condizioni di ipercomprato o ipervenduto (scala di 0-100).

RSI superiore a 70: il titolo potrebbe essere ipercomprato. RSI inferiore a 30: Il titolo potrebbe essere ipervenduto.

Analisi dei volumi:

L'aumento del volume conferma la forza di una tendenza di prezzo.

Fase d'azione: Utilizzate piattaforme come TradingView per esercitarvi a leggere i grafici e ad applicare gli indicatori tecnici.

6.4 Analisi qualitativa: Oltre i numeri

Esaminare i fattori che influenzano il successo a lungo termine di un'azienda, ma che non sempre si riflettono nei dati finanziari.

6.4.1 Gestione e leadership

Valutare l'esperienza, la reputazione e il curriculum dei dirigenti dell'azienda.

Esempio: Un amministratore delegato con una storia di successi in fase di turnaround può essere indice di una forte leadership.

6.4.2 Vantaggio competitivo (Moat)

Le aziende con prodotti unici, fedeltà al marchio o vantaggi di costo spesso superano i concorrenti.

Esempio: La notorietà del marchio Coca-Cola a livello mondiale è un vantaggio competitivo significativo.

6.4.3 Tendenze del settore

Identificare i settori in crescita e le aziende ben posizionate per trarne vantaggio.
Esempio: Si prevede che l'energia rinnovabile crescerà in modo significativo nel prossimo decennio.

Fase d'azione: Leggete le relazioni annuali e le notizie sul settore per comprendere i fattori qualitativi.

6.5 Valutazione delle azioni

Determinare se un titolo è sopravvalutato, sottovalutato o equamente valutato aiuta a guidare le decisioni di acquisto.

6.5.1 Approccio del valore intrinseco

Calcolare il valore attuale dei flussi di cassa futuri di un'azienda.

Strumenti: Analisi del flusso di cassa scontato (DCF).

6.5.2 Approccio di valutazione relativa

Confrontate le metriche di un'azione (ad esempio, il rapporto P/E) con quelle dei suoi pari o con le medie del settore.

Esempio: Se il P/E della società A è di 15 e la media del settore è di 20, la società potrebbe essere sottovalutata.

6.5.3 Approccio basato sul sentimento di mercato

Considerare le condizioni di mercato più ampie che influenzano i prezzi delle azioni.

Esempio: Le azioni sono spesso sottovalutate durante le recessioni a causa di vendite basate sulla paura.

Fase d'azione: Utilizzare i calcolatori online e i rapporti degli analisti per stimare le valutazioni.

6.6 Strumenti per l'analisi dei titoli

Sfruttare la tecnologia e le risorse per semplificare l'analisi dei titoli.

Strumenti gratuiti:

Yahoo Finance: Bilanci e dati di mercato. Google Finance:

Tracciamento semplificato delle performance.

Strumenti Premium:

Morningstar: Rapporti di ricerca e valutazioni approfondite.

Terminale Bloomberg: Analisi avanzate (migliori per i professionisti).

Risorse educative:

Libri: L'investitore intelligente di Benjamin Graham.

Corsi online: Piattaforme come Udemy o Coursera offrono corsi adatti ai principianti.

Passo d'azione: Scegliere uno o due strumenti per iniziare a praticare l'analisi dei titoli.

6.7 Caso di studio: Analisi di un titolo reale

Azioni: Apple Inc. (AAPL).

Fase 1: Esaminare i bilanci:

Crescita dei ricavi: Crescita costante negli ultimi 5 anni. Margine di profitto netto: Forte del 25%, che riflette l'efficienza.

Fase 2: applicare i rapporti:

Rapporto P/E: 28 (più alto della media del settore, il che suggerisce una valutazione premium).

ROE: 30% (indica un uso efficiente del capitale proprio).

Fase 3: valutare i fattori qualitativi:

Forte fedeltà al marchio e portafoglio prodotti diversificato. La leadership di Tim Cook ha mantenuto l'innovazione.

Conclusioni: Sebbene Apple sia una solida azienda, la sua valutazione suggerisce un rialzo limitato a meno che la crescita futura non acceleri.

Conclusione

L'analisi dei titoli comporta una combinazione di valutazioni quantitative e qualitative. Padroneggiando queste tecniche, potrete prendere decisioni di investimento ben informate e costruire un portafoglio su misura per i vostri obiettivi. Nel prossimo capitolo esamineremo le strategie di gestione del rischio per salvaguardare i vostri investimenti.

Capitolo 7: Gestione del rischio e diversificazione del portafoglio

7.1 Comprendere il rischio di investimento

Il rischio è una componente intrinseca dell'investimento, ma comprenderlo consente di gestirlo in modo efficace.

7.1.1 Tipi di rischio

Rischio di mercato: rischio di perdite dovute a movimenti generali del mercato (ad esempio, ribassi del mercato azionario).

Rischio di credito: il rischio che l'emittente di un'obbligazione sia inadempiente nei pagamenti.

Rischio di liquidità: difficoltà di vendere un investimento senza che il suo prezzo ne risenta in modo significativo.

Rischio di inflazione: il rischio che l'inflazione eroda il potere d'acquisto del vostro investimento.

Rischio di tasso d'interesse: l'impatto della variazione dei tassi d'interesse, in particolare sulle obbligazioni.

7.1.2 Tolleranza al rischio

La vostra tolleranza al rischio determina la quantità di fluttuazioni di valore che potete gestire.

Bassa tolleranza al rischio: Concentrarsi su obbligazioni e attività stabili.

Alta tolleranza al rischio: Più a suo agio con le azioni e i mercati volatili.

Fase d'azione: Sottoponetevi a un questionario online sulla tolleranza al rischio per capire meglio il vostro livello di confidenza con il rischio.

7.2 Il ruolo della diversificazione nella riduzione del rischio

La diversificazione distribuisce gli investimenti su diverse classi di attività, settori e aree geografiche per ridurre il rischio.

7.2.1 Diversificare tra le varie classi di attività

Azioni: Forniscono crescita ma sono più volatili.

Obbligazioni: Offrono stabilità e reddito, controbilanciando la volatilità delle azioni.

Immobili (REIT): Aggiungono un ulteriore livello di diversificazione con un potenziale di rendimento costante.

Equivalenti di cassa: Attività a basso rischio come i fondi del mercato monetario per la liquidità.

7.2.2 Diversificare all'interno delle classi di attività

Azioni: Investire in diversi settori (tecnologia, sanità, energia, ecc.) e aree geografiche (nazionale o internazionale).

Obbligazioni: Includere un mix di obbligazioni governative, municipali e societarie.

Esempio: Un portafoglio potrebbe essere allocato per il 60% in azioni (suddivise tra tecnologia, sanità ed energia), per il 30% in obbligazioni (suddivise tra società e governi) e per il 10% in REIT.

Fase d'azione: Rivedere il proprio portafoglio per assicurarsi che sia diversificato tra settori e regioni.

7.3 Gestione della volatilità

La volatilità si riferisce al grado di variazione del prezzo di un'attività nel tempo.

7.3.1 Strategie per gestire la volatilità

Investire regolarmente: Usare la media dei costi in dollari per attenuare l'impatto delle oscillazioni dei prezzi.

Concentrarsi sugli obiettivi a lungo termine: Le fluttuazioni a breve termine sono meno significative su periodi più lunghi.

Evitare l'eccessiva concentrazione: Assicuratevi che nessun singolo titolo o settore domini il vostro portafoglio.

7.3.2 Gestire le correzioni di mercato

Che cos'è una correzione? Un calo del 10% o più di un'azione o di un indice di mercato.

Come rispondere:

Rivedete la vostra strategia di lungo termine piuttosto che fare il panic selling. Considerate l'acquisto di titoli sottovalutati durante le correzioni.

Fase d'azione: Creare una lista di controllo per gestire la volatilità, come ad esempio rivedere gli obiettivi a lungo termine prima di prendere decisioni.

7.4 Strategie di copertura

La copertura consiste nell'utilizzare gli investimenti per compensare le potenziali perdite del portafoglio.

7.4.1 Strumenti di copertura comuni

Opzioni: Usate le put e le call per proteggervi dai cali di prezzo o per bloccare i prezzi.

ETF inversi: Guadagnano quando il mercato scende.

Materie prime: L'oro e le altre materie prime fungono spesso da copertura contro l'inflazione e l'instabilità dei mercati.

Esempio: L'acquisto di un'opzione put per un'azione del vostro portafoglio può limitare le perdite in caso di calo del prezzo del titolo.

Fase d'azione: Ricercare le strategie di base delle opzioni o consultare un consulente finanziario prima di implementare gli strumenti di copertura.

7.5 Il ruolo dell'asset allocation

L'asset allocation bilancia il rischio e il rendimento suddividendo il portafoglio tra diverse classi di attività.

7.5.1 Modelli di allocazione

Aggressivo: elevata esposizione alle azioni (ad es. 80% azioni, 20% obbligazioni) per una crescita a lungo termine.

Moderato: Mix equilibrato di azioni e obbligazioni (ad es. 60% azioni, 40% obbligazioni).

Conservatore: Si concentra sulla conservazione del capitale (ad esempio, 40% azioni, 60% obbligazioni).

7.5.2 Adattare l'allocazione nel tempo

Riducete l'esposizione alle azioni e aumentate le obbligazioni quando vi avvicinate alla pensione.

Esempio: Passare dall'80% di azioni e 20% di obbligazioni a 30 anni al 40% di azioni e 60% di obbligazioni a 60 anni.

Fase d'azione: Scegliere un modello di allocazione in base ai propri obiettivi, alla tolleranza al rischio e all'orizzonte temporale.

7.6 Creare un fondo di emergenza

Un fondo di emergenza costituisce una rete di sicurezza finanziaria e impedisce di attingere agli investimenti.

7.6.1 Quanto risparmiare

3-6 mesi di spese di sostentamento.

Per le professioni più rischiose o per i redditi volatili, puntate a 6-12 mesi.

7.6.2 Dove tenerlo

Conti di risparmio ad alto rendimento o fondi del mercato

monetario. Assicuratevi che il fondo sia facilmente accessibile e

a basso rischio.

Fase d'azione: Calcolate le vostre spese mensili e impostate i trasferimenti automatici per costituire il vostro fondo di emergenza.

7.7 Monitoraggio e ribilanciamento del portafoglio

Il ribilanciamento assicura che il portafoglio rimanga allineato all'asset allocation target.

7.7.1 Quando riequilibrare

Riequilibrio programmato: Annualmente o semestralmente.

Riequilibrio della soglia: Quando una classe di attività supera una deviazione prestabilita (ad esempio, il 5-10% rispetto all'obiettivo).

7.7.2 Come riequilibrare

Vendete le attività con performance eccessive o aggiungete fondi a quelle con performance inferiori.

Esempio: Se le azioni passano dal 60% al 70% del vostro portafoglio, vendete alcune azioni e acquistate obbligazioni per ripristinare l'equilibrio.

Fase d'azione: Impostate un promemoria sul calendario per rivedere regolarmente il vostro portafoglio.

7.8 Caso di studio: Gestione del rischio in un portafoglio reale

Investitore: 40enne che risparmia per la pensione con una moderata tolleranza al rischio.

Portafoglio prima della diversificazione:

80% in titoli tecnologici, 20% in obbligazioni.

Portafoglio diversificato:

60% azioni (tecnologia, sanità, beni di consumo), 30% obbligazioni (societarie e governative), 10% REIT.

Esempio di riequilibrio:

Dopo 1 anno, le azioni salgono al 70%. Il ribilanciamento riporta l'allocazione al 60% di azioni e al 30% di obbligazioni.

Risultato: Riduzione del rischio e miglioramento della stabilità senza sacrificare il potenziale di crescita.

Conclusione

La gestione del rischio e la diversificazione sono le pietre miliari di un investimento di successo. Distribuendo gli investimenti tra le varie classi di attività e monitorando regolarmente il portafoglio, è possibile proteggersi da perdite eccessive e rimanere in linea con i propri obiettivi finanziari. Nel prossimo capitolo esploreremo il potere di rimanere disciplinati e di investire con costanza per costruire una ricchezza a lungo termine.

Capitolo 8: Il potere della coerenza
Costruire a lungo termine
La ricchezza

8.1 L'importanza della coerenza negli investimenti

La costruzione della ricchezza non consiste nel tempismo del mercato, ma nel rimanere disciplinati e nell'investire con costanza.

Idea chiave: Piccoli investimenti regolari possono crescere in modo significativo nel tempo grazie al potere della capitalizzazione.

Esempio: Investendo 200 dollari al mese per 30 anni con un rendimento annuo dell'8% si ottengono circa 300.000 dollari, anche se il contributo è di soli 72.000 dollari.

8.2 Il ruolo del Dollar-Cost Averaging (DCA)

La media del costo del dollaro consiste nell'investire regolarmente un importo fisso, indipendentemente dalle condizioni di mercato.

8.2.1 Benefici del DCA

Riduce il processo decisionale emotivo: Evita l'impulso di temporizzare il mercato.

Acquista più azioni quando i prezzi sono bassi: in questo modo il costo delle azioni viene calcolato in media nel tempo.

Incoraggia la disciplina: Costruisce l'abitudine a investire con costanza.

Esempio:

L'investitore A versa mensilmente 500 dollari a un fondo indicizzato. Quando i prezzi sono bassi, acquista più azioni; quando i prezzi sono alti, ne acquista meno. Nel corso del tempo, il costo medio per azione rimane costante e inferiore rispetto agli investimenti irregolari in un'unica soluzione.

Fase d'azione: Impostare i contributi automatici al proprio conto di investimento.

8.3 Sfruttare la capitalizzazione per massimizzare i rendimenti

La capitalizzazione si verifica quando gli investimenti generano guadagni, che vengono reinvestiti per generarne altri.

8.3.1 Fattori che influenzano la composizione

Tempo: più a lungo il vostro denaro rimane investito, maggiore è l'effetto di capitalizzazione.

Tasso di rendimento: I rendimenti più elevati accelerano la crescita.

Costanza: Contributi regolari amplificano la capitalizzazione.

Esempio di crescita composta:

Investite 10.000 dollari con un rendimento annuo dell'8%. Dopo: 10 anni: 21.589 dollari.
20 anni: 46.610 dollari.
30 anni: 100.627 dollari.

Fase d'azione: Utilizzate un calcolatore di capitalizzazione per vedere come i vostri investimenti possono crescere nel tempo.

8.4 Mantenere la rotta durante le fluttuazioni del mercato

I mercati sono imprevedibili, ma mantenere la coerenza durante le fasi di ribasso è fondamentale per il successo a lungo termine.

8.4.1 Contesto storico

Esempio: Durante la crisi finanziaria del 2008, l'S&P 500 è sceso del 37%, ma gli investitori che hanno mantenuto l'investimento hanno registrato una ripresa significativa negli anni successivi.

Lezione: i cali di mercato sono opportunità per gli investitori disciplinati di acquistare a prezzi più bassi.

8.4.2 Evitare il panico da vendita

Vendere durante le fasi di ribasso blocca le perdite e impedisce di beneficiare della ripresa. Concentratevi invece sul vostro piano a lungo termine e ignorate i rumori a breve termine.

Fase d'azione: Creare una lista di controllo per "mantenere la rotta" da rivedere durante la volatilità del mercato.

8.5 Automatizzare gli investimenti

L'automazione semplifica il processo di investimento e garantisce la coerenza.

8.5.1 Vantaggi dell'automazione

Elimina le dimenticanze: I contributi regolari avvengono senza alcuno sforzo manuale.

Riduce l'influenza emotiva: L'automazione vi aiuta a rispettare il vostro piano durante gli alti e i bassi del mercato.

8.5.2 Come automatizzare gli investimenti

Impostate trasferimenti diretti dalla vostra busta paga o dal vostro conto bancario al vostro conto di investimento.

Utilizzate robo-advisor o app di investimento per allocare automaticamente i fondi in base alla vostra strategia.

Passo d'azione: Ricercate piattaforme come Vanguard, Fidelity o Betterment per automatizzare i vostri investimenti.

8.6 Definire e regolare gli obiettivi nel tempo

Coerenza non significa rigidità: il vostro piano di investimento deve adattarsi al mutare dei vostri obiettivi e delle circostanze.

8.6.1 Eventi della vita che possono influenzare gli obiettivi

Matrimonio o divorzio: Cambiamenti nel reddito familiare o nelle priorità finanziarie.

Cambiamenti di carriera: Le variazioni di stipendio possono richiedere un adeguamento dei contributi.

Pianificazione della pensione: All'avvicinarsi del pensionamento, spostate l'attenzione dalla crescita alla generazione di reddito.

8.6.2 Verifica dei progressi compiuti

Valutare annualmente la performance del portafoglio.

Verificate se i vostri investimenti sono in linea con la vostra attuale tolleranza al rischio e con i vostri obiettivi finanziari.

Fase d'azione: Programmare una revisione annuale del portafoglio e degli obiettivi finanziari.

8.7 La mentalità a lungo termine

La costruzione della ricchezza richiede tempo, pazienza e attenzione al quadro generale.

8.7.1 Evitare gli schemi di guadagno rapido (get-rich-quick)

Gli investimenti che promettono rendimenti insolitamente elevati sono spesso rischiosi o fraudolenti.
Attenetevi a strategie di crescita costante e comprovata, come i fondi indicizzati o gli ETF.

8.7.2 Il potere della pazienza

Esempio: Warren Buffett ha ottenuto la maggior parte della sua ricchezza dopo i 50 anni grazie all'effetto composto.

Lezione: quanto prima si inizia e quanto più a lungo si rimane investiti, tanto maggiori saranno i rendimenti.

8.7.3 Concentrarsi sui progressi, non sulla perfezione

Coerenza non significa non commettere mai errori, ma imparare e migliorare nel tempo.

8.8 Caso di studio: Investire con costanza per 20 anni

Investitore: 25enne inizia a investire 400 dollari al mese in un fondo indice S&P 500.

Risultato:

All'età di 45 anni, con un rendimento medio annuo dell'8%, il loro portafoglio cresce fino a oltre 240.000 dollari.

Se smettono di versare i contributi e li lasciano crescere fino all'età di 65 anni, diventano oltre 1.100.000 dollari.

Conclusione

La costanza è alla base del successo degli investimenti. Automatizzando i contributi, rimanendo disciplinati durante la volatilità del mercato e concentrandosi sugli obiettivi a lungo termine, è possibile sfruttare il potere della capitalizzazione per costruire una ricchezza duratura. Nel prossimo capitolo esamineremo le strategie fiscali e altri modi per massimizzare i rendimenti degli investimenti.

Capitolo 9:
Strategie fiscali e massimizzazione dei rendimenti degli investimenti

9.1 Comprendere le implicazioni fiscali degli investimenti

Le imposte possono avere un impatto significativo sui rendimenti degli investimenti. Sapere come orientarsi nel panorama fiscale è fondamentale per massimizzare i profitti.

9.1.1 Tipi di reddito da investimento

Dividendi: Pagamenti da azioni o fondi comuni di investimento, tassati come reddito ordinario o con un'aliquota inferiore se qualificati.

Guadagni in conto capitale: Profitti derivanti dalla vendita di un'attività a un prezzo superiore a quello di acquisto.

Plusvalenze a breve termine: Attività detenute per meno di un anno, tassate con l'aliquota ordinaria dell'imposta sul reddito.

Plusvalenze a lungo termine: Attività detenute per più di un anno, tassate con aliquote più basse (0%, 15% o 20%, a seconda del reddito).

Reddito da interessi: Reddito da obbligazioni o conti di risparmio, solitamente tassato come reddito ordinario.

Fase d'azione: Esaminare le fonti di reddito da investimento e classificarle in base al trattamento fiscale.

9.2 Conti con agevolazioni fiscali

Alcuni conti contribuiscono a ridurre o rinviare le imposte, consentendo agli investimenti di crescere in modo più efficiente.

9.2.1 Conti pensionistici

IRA tradizionale/401(k): I contributi sono deducibili dalle tasse, ma i prelievi sono tassati al momento del pensionamento.

Roth IRA/401(k): I contributi vengono versati a l netto delle imposte, ma i prelievi al momento del pensionamento sono esenti da imposte.

Esempio: Un contributo annuale Roth IRA di 6.500 dollari, investito con un rendimento dell'8% per 30 anni, cresce fino a oltre 780.000 dollari, che vengono prelevati in esenzione fiscale.

9.2.2 Conto di risparmio sanitario (HSA)

I contributi sono deducibili dalle imposte, la crescita è esente da imposte e i prelievi per spese mediche qualificate sono anch'essi esenti da imposte.
Se utilizzato in modo strategico, può fungere da conto pensione integrativo.

9.2.3 Piani 529

Conti fiscali agevolati per il risparmio scolastico.
I guadagni crescono in esenzione d'imposta e i prelievi sono esenti da imposte per le spese scolastiche qualificate.

Fase d'azione: Aprite o contribuite a un conto fiscale agevolato in linea con i vostri obiettivi.

9.3 Strategie per ridurre il reddito imponibile

La riduzione del reddito imponibile può ridurre lo scaglione fiscale e aumentare i rendimenti al netto delle imposte.

9.3.1 Raccolta delle perdite fiscali

Cos'è: vendita di investimenti in perdita per compensare le plusvalenze imponibili.

Come funziona:

Esempio: Vendete il titolo A con una perdita di 2.000 dollari e il titolo B con un guadagno di 2.000 dollari. La perdita compensa il guadagno, quindi non si deve pagare l'imposta sulle plusvalenze.
Fino a 3.000 dollari di perdite nette possono compensare annualmente il reddito ordinario.

9.3.2 Contribuire a conti fiscalmente deducibili

I contributi ai fondi 401(k), agli IRA tradizionali e agli HSA riducono il reddito imponibile dell'anno.

Fase d'azione: Considerate la possibilità di riallocare i fondi in conti imponibili per massimizzare le opportunità di recupero delle perdite fiscali.

9.4 Strategie di investimento efficienti dal punto di vista fiscale

Il luogo di detenzione di determinati investimenti influisce sulla loro efficienza fiscale.

9.4.1 Posizione delle attività

Conti imponibili: Conserva investimenti efficienti dal punto di vista fiscale come le obbligazioni municipali e gli ETF.

Conti con agevolazioni fiscali: Detengono investimenti fiscalmente inefficienti come REIT, azioni ad alto dividendo e obbligazioni.

9.4.2 Scegliere investimenti efficienti dal punto di vista fiscale

Fondi indicizzati ed ETF: Hanno un basso turnover e riducono al minimo le distribuzioni di plusvalenze.

Obbligazioni municipali: Gli interessi sono spesso esenti da imposte a livello federale e potenzialmente a livello statale.

Esempio: La detenzione di un fondo comune di investimento ad alto turnover in un conto imponibile potrebbe generare inutili oneri fiscali, mentre lo stesso fondo in un IRA o 401(k) evita le imposte annuali.

Fase d'azione: Rivedere il proprio portafoglio per assicurarsi che gli investimenti siano nei conti più vantaggiosi dal punto di vista fiscale.

9.5 Capire le distribuzioni minime richieste (RMD)

L'RMD si applica ai conti fiscalmente non differiti (come gli IRA tradizionali) a partire dall'età di 73 anni.
Il mancato ritiro dell'importo richiesto comporta una sanzione fiscale del 50% sull'importo mancante.

Strategie per la gestione degli RMD:

Iniziate a prelevare prima dell'età dell'RMD per distribuire l'onere fiscale.
Convertire gli IRA tradizionali in Roth IRA durante gli anni a basso reddito per ridurre i futuri RMD.

Fase d'azione: Utilizzate un calcolatore di RMD per stimare i vostri futuri requisiti di prelievo.

9.6 Evitare gli errori fiscali più comuni

Essere proattivi può aiutare a evitare errori costosi.

9.6.1 Errori frequenti

Trascurare i conti fiscalmente agevolati: Non massimizzare i contributi a 401(k) o IRA.

Vendite di lavaggio: Riacquisto dello stesso investimento o di un investimento sostanzialmente simile entro 30 giorni da una vendita con perdita fiscale.

Ignorare le imposte statali: Alcuni Stati hanno regole particolari per le plusvalenze e i dividendi.

Fase d'azione: Rivolgersi annualmente a un professionista fiscale per garantire la conformità e ottimizzare la propria strategia fiscale.

9.7 Lavorare con un professionista fiscale

Un professionista può aiutare a massimizzare le detrazioni e a garantire la conformità alle leggi fiscali in evoluzione.

9.7.1 Quando rivolgersi a un professionista

Se avete un reddito da investimento significativo o partecipazioni complesse.
Quando vi state avvicinando alla pensione e avete bisogno di pianificare l'RMD.

9.7.2 Domande da porre al vostro

consulente Come posso ridurre il mio

carico fiscale?

A quali conti devo dare la priorità per i contributi o i prelievi?

Ci sono nuove leggi fiscali che potrebbero influenzare il mio portafoglio?

Fase d'azione: Programmare un incontro annuale con un commercialista o un consulente finanziario specializzato in investimenti efficienti dal punto di vista fiscale.

9.8 Caso di studio: Strategie fiscali in azione

Investitore: Un 45enne con 500.000 dollari suddivisi tra un 401(k), un Roth IRA e un conto di intermediazione imponibile.

Problema: elevata pressione fiscale dovuta ai dividendi e alle distribuzioni di plusvalenze da investimenti tassabili.

Soluzione:

Spostare gli investimenti ad alto dividendo e obbligazionari nel

conto 401(k). Utilizzate fondi indicizzati ed ETF nel conto

imponibile.

Aumentare i contributi Roth IRA per i prelievi esenti da imposte al momento del pensionamento.

Risultato: Riduzione dell'onere fiscale annuale di 5.000 dollari e massimizzazione della crescita a lungo termine.

Conclusione

Le imposte possono erodere i rendimenti degli investimenti, ma con le giuste strategie è possibile minimizzarne l'impatto e conservare una parte maggiore dei propri guadagni. Nell'ultimo capitolo, riuniremo il tutto con consigli pratici per mantenere la disciplina, evitare le insidie e raggiungere i vostri obiettivi finanziari.

Capitolo 10: Mettere tutto insieme: la vostra roadmap per il successo dell'investimento

10.1 Esame del percorso di investimento

Rivediamo i principali concetti trattati in questo libro e capiamo come sono collegati tra loro.

10.1.1 La Fondazione

Il mercato azionario offre una piattaforma per la creazione di ricchezza attraverso l'investimento in aziende.

Prima di investire è fondamentale sviluppare una solida base finanziaria attraverso il budgeting, i fondi di emergenza e l'eliminazione del debito.

10.1.2 La strategia

Iniziate con obiettivi chiari e misurabili.
Diversificate il vostro portafoglio per gestire il rischio e utilizzate un'asset allocation adeguata alla vostra età, al vostro reddito e alla vostra tolleranza al rischio.

10.1.3 Il processo

Contribuire regolarmente ai propri conti di investimento, sfruttando l'automazione.

Rivalutate periodicamente i vostri investimenti, ma evitate di reagire in modo eccessivo ai movimenti di mercato a breve termine.

Fase d'azione: Scrivete la vostra strategia di investimento personale basata sui principi dei capitoli precedenti.

10.2 Creare un piano di investimento personalizzato

Un piano ben congegnato è la strada per raggiungere i vostri obiettivi finanziari.

10.2.1 Definire gli obiettivi

Obiettivi a breve termine: Ad esempio, risparmiare per l'acconto di una casa.

Obiettivi a lungo termine: Ad esempio, costituire un fondo pensione o finanziare l'istruzione dei figli.

10.2.2 Identificare il proprio orizzonte temporale

Gli obiettivi a breve termine potrebbero richiedere investimenti conservativi.

Gli obiettivi a lungo termine traggono vantaggio da strategie incentrate sulla crescita, come gli investimenti azionari.

10.2.3 Scegliete il vostro mix di investimenti

Combinare azioni, obbligazioni, ETF e altre attività in proporzione ai propri obiettivi e alla propria tolleranza al rischio.

Utilizzate i fondi target-date se desiderate un approccio non vincolante.

10.2.4 Automatizzare i contributi

Impostare trasferimenti ricorrenti ai conti di investimento per garantire la coerenza.

Fase d'azione: Create una sintesi di una pagina del vostro piano di investimento personalizzato e conservatela come riferimento.

10.3 Evitare le insidie più comuni

Imparare dagli errori degli altri può farvi risparmiare tempo, denaro e stress.

10.3.1 Processo decisionale emotivo

Evitate di acquistare quando il mercato è al suo apice o di vendere durante le fasi di ribasso.
Attenetevi alla vostra strategia e concentratevi sugli obiettivi a lungo termine.

10.3.2 Trascurare il riequilibrio

Adattare periodicamente il portafoglio per mantenere l'asset allocation desiderata.

Esempio: Se le azioni superano la performance e raggiungono il 70% del portafoglio quando il vostro obiettivo è il 60%, vendete alcune azioni e acquistate obbligazioni per riequilibrare.

10.3.3 Trascurare le commissioni e le spese

Le commissioni elevate possono erodere i rendimenti nel tempo.

Optate per fondi a basso costo come ETF e fondi indicizzati.

Fase d'azione: Creare una lista di controllo delle potenziali insidie da rivedere ogni anno per assicurarsi di essere in regola.

10.4 Abbracciare una prospettiva a lungo termine

La costruzione della ricchezza è una maratona, non uno sprint.

10.4.1 Il ruolo della pazienza

La volatilità a breve termine è una componente naturale degli investimenti.

Nel lungo periodo i mercati hanno storicamente registrato una tendenza al rialzo, nonostante le occasionali flessioni.

10.4.2 Fidatevi del potere della capitalizzazione

Investimenti regolari nel tempo, uniti al reinvestimento dei rendimenti, creano una crescita esponenziale.

Esempio: Un investimento di 10.000 dollari che guadagna l'8% annuo raddoppia all'incirca ogni 9 anni. In 36 anni, cresce fino a 160.000 dollari.

10.5 Rimanere informati e istruiti

Il mondo degli investimenti si evolve e rimanere informati è essenziale.

10.5.1 Risorse per continuare a imparare

Libri: Leggere classici come L'investitore intelligente di Benjamin Graham.

Siti web e blog: Seguite le piattaforme finanziarie di fiducia per ricevere aggiornamenti e suggerimenti.

Corsi: Seguite i corsi online per approfondire la vostra conoscenza degli investimenti.

10.5.2   Rivolgersi a un professionista quando necessario

Collaborate con un pianificatore finanziario certificato o un consulente per gli investimenti per personalizzare la vostra strategia.

Passo d'azione: Impegnarsi a leggere almeno un libro sugli investimenti o a seguire un corso all'anno.

10.6   Agire: I primi 90 giorni

Partite forte con un piano d'azione per i primi tre mesi del vostro viaggio d'investimento.

10.6.1   Mese 1: Costruire le fondamenta

Stabilite un budget per liberare denaro da investire. Aprite

un conto di intermediazione o un conto pensione. Definite i

vostri obiettivi e scegliete un'asset allocation.

10.6.2   Mese 2: iniziare a investire

Finanziare il conto ed effettuare i primi investimenti, concentrandosi su opzioni diversificate come i fondi indicizzati o gli ETF.

Impostare l'automazione per i contributi regolari.

10.6.3   Mese 3: revisione e regolazione

Valutate il vostro portafoglio per assicurarvi che sia in linea con i vostri

obiettivi. Se necessario, apportate piccoli aggiustamenti, ma evitate di fare

trading eccessivo.

Fase d'azione: Utilizzate un calendario o un tracker di attività per seguire il vostro piano di 90 giorni.

10.7 Parole di incoraggiamento finali

Investire è un viaggio che richiede disciplina, pazienza e impegno nella crescita.

10.7.1 Riconoscere i progressi

Festeggiate tappe fondamentali come il primo investimento, il raggiungimento dei primi 10.000 dollari o il raggiungimento di un obiettivo finanziario.

10.7.2 La ricompensa della perseveranza

Costruire ricchezza attraverso gli investimenti è una delle cose più importanti che possiate fare per il vostro futuro.

10.7.3 Ricordate il vostro "perché"

Rimanete motivati mantenendo i vostri obiettivi in primo piano. Che si tratti di andare in pensione in modo confortevole, di finanziare l'istruzione di un figlio o di raggiungere l'indipendenza finanziaria, il vostro "perché" vi terrà sulla buona strada.

Conclusione

Questo libro vi ha fornito gli strumenti per intraprendere con fiducia il vostro viaggio negli investimenti. Applicando ciò che avete imparato, mantenendo la coerenza e aumentando continuamente le vostre conoscenze, potrete raggiungere i vostri obiettivi finanziari e creare un futuro sicuro.

Conclusione

Congratulazioni! Siete arrivati alla fine di questa guida e, così facendo, avete fatto un passo importante verso il raggiungimento dell'indipendenza finanziaria e la costruzione di una ricchezza a lungo termine. A questo punto dovreste avere una chiara comprensione dei fondamenti dell'investimento in borsa, compreso il suo funzionamento, i tipi di investimento disponibili e le strategie che possono aiutarvi a prendere decisioni informate.

Ricordate che investire nel mercato azionario non è uno schema per fare soldi a palate: si tratta di decisioni coerenti e ponderate nel tempo. Gli investitori di maggior successo non sono quelli che inseguono le tendenze o che cercano di cronometrare il mercato, ma quelli che si concentrano sulla crescita a lungo termine, gestiscono il rischio in modo appropriato e rimangono pazienti di fronte alle fluttuazioni del mercato.

Nel proseguire il vostro percorso di investimento, tenete a mente i seguenti punti chiave:

Iniziare in modo semplice: Iniziate con investimenti diversificati e a basso costo, come fondi indicizzati o ETF. In questo modo si riduce il rischio mentre si costruisce la propria conoscenza del mercato.

Investire a lungo termine: Il mercato azionario premia la pazienza. Resistete all'impulso di prendere decisioni impulsive basate sui movimenti di mercato a breve termine.

Rimanere informati: Il mondo degli investimenti è in continua evoluzione. Continuate a imparare, sia attraverso libri, articoli, corsi o semplicemente osservando il mercato. Più si è informati, meglio si possono prendere le decisioni.

Sviluppare una strategia e rispettarla: è fondamentale avere un piano di investimento chiaro, basato sui propri obiettivi e sulla propria tolleranza al rischio. Non lasciate che siano le emozioni a dettare le vostre scelte di investimento.

La costanza è fondamentale: Contributi regolari, anche piccoli, possono crescere in modo significativo nel tempo grazie al potere dell'interesse composto.

Il vostro viaggio non finisce qui. A n z i , è solo l'inizio. Man mano che continuerete a costruire il vostro portafoglio e a comprendere meglio il mercato, svilupperete le vostre strategie e perfezionerete il vostro approccio. Il mondo degli investimenti è aperto a chiunque voglia imparare e voi avete già fatto il primo passo più importante.

Se state investendo per risparmiare per la pensione, per raggiungere l'indipendenza finanziaria o per raggiungere specifici traguardi finanziari, la chiave è rimanere disciplinati, informati e andare avanti. Il mercato azionario avrà i suoi alti e bassi, ma con la giusta mentalità e la giusta strategia, si può navigare in queste fluttuazioni e lavorare per raggiungere i propri obiettivi finanziari.

Grazie per esservi uniti a me in questo viaggio. Vi auguro di avere successo mentre intraprendete il vostro cammino per diventare investitori sicuri e competenti. Il vostro futuro finanziario è nelle vostre mani: ora andate avanti e fate il prossimo passo!

Glossario dei termini del mercato azionario

1. Asset Allocation
Il processo di suddivisione del portafoglio d'investimento tra diverse categorie di attività, come azioni, obbligazioni e liquidità, per bilanciare rischio e rendimento in base agli obiettivi, all'orizzonte temporale e alla tolleranza al rischio.

2. Mercato orso
Una condizione di mercato in cui i prezzi dei titoli stanno scendendo o si prevede che scenderanno, in genere del 20% o più rispetto ai massimi recenti.

3. Azioni Blue-Chip
Azioni di società consolidate, finanziariamente stabili e rispettabili, con una storia di risultati affidabili, come Apple o Coca-Cola.

4. Legame
Un investimento a reddito fisso che rappresenta un prestito fatto da un investitore a un mutuatario, in genere una società o un governo, con pagamenti regolari di interessi e restituzione del capitale alla scadenza.

5. Mercato toro
Una condizione di mercato in cui i prezzi dei titoli aumentano o si prevede che aumenteranno, spesso alimentati dalla fiducia degli investitori e dalla crescita economica.

6. Guadagni in conto capitale
Il profitto ottenuto dalla vendita di un investimento quando il prezzo di vendita supera il prezzo di acquisto.

7. Dividendo
Una parte degli utili di una società distribuita agli azionisti, in genere su base regolare (ad esempio, trimestrale).

8. Mediazione del costo del dollaro (DCA)
Strategia d'investimento che prevede l'investimento regolare di un importo fisso in una determinata attività, indipendentemente dal suo prezzo, per ridurre l'impatto della volatilità del mercato.

9. Utile per azione (EPS)
Utile di una società diviso per il numero di azioni in circolazione. Una metrica chiave utilizzata per valutare la redditività di un'azienda.

10. Fondo negoziato in borsa (ETF)
Un tipo di fondo d'investimento negoziato in borsa che detiene un paniere di attività, come azioni o obbligazioni, ed è progettato per seguire la performance di un indice specifico.

11. Fondo indicizzato
Un fondo comune di investimento o ETF progettato per replicare la performance di uno specifico indice di mercato, come l'S&P 500.

12. Offerta pubblica iniziale (IPO)
La prima volta che un'azienda offre le proprie azioni al pubblico, passando dalla proprietà privata a quella pubblica.

13. Liquidità
La facilità con cui un'attività può essere acquistata o venduta sul mercato senza influenzarne il prezzo. Le azioni e gli ETF sono altamente liquidi, mentre gli immobili lo sono meno.

14. Capitalizzazione di mercato (Market Cap)
Il valore totale delle azioni in circolazione di una società, calcolato moltiplicando il prezzo corrente del titolo per il numero totale di azioni.

15. Fondo comune di investimento
Un veicolo di investimento che riunisce il denaro di più investitori per acquistare un portafoglio diversificato di azioni, obbligazioni o altri titoli.

16. Portafoglio
Un insieme di investimenti, come azioni, obbligazioni, ETF e contanti, di proprietà di un individuo o di un'istituzione.

17. Rapporto prezzo/utile (P/E)
Metrica di valutazione calcolata dividendo l'attuale prezzo delle azioni di una società per i suoi utili per azione. Indica quanto gli investitori sono disposti a pagare per 1 dollaro di utili.

18. Riequilibrio
Il processo di adeguamento delle ponderazioni delle attività in portafoglio per mantenere il livello di asset allocation desiderato, in genere effettuato periodicamente.

19. Tolleranza al rischio
Il livello di rischio che un investitore è disposto ad accettare quando prende decisioni di investimento, influenzato da fattori quali gli obiettivi finanziari, l'orizzonte temporale e il comfort personale nei confronti della volatilità.

20. Roth IRA
Un conto pensionistico fiscalmente agevolato in cui i contributi vengono versati al netto delle imposte e i prelievi al momento del pensionamento sono esenti da imposte.

21. S&P 500
Indice del mercato azionario che tiene conto della performance di 500 tra le maggiori società statunitensi per capitalizzazione di mercato.

22. Stock
Un tipo di titolo che rappresenta la proprietà di una società, dando diritto a una parte dei profitti e delle attività della società.

23. Fondo con data obiettivo
Un fondo comune d'investimento o un ETF che regola automaticamente la propria asset allocation in modo da diventare più conservativo all'avvicinarsi di una data specifica, come la pensione.

24. Orizzonte temporale
Il periodo di tempo in cui un investitore prevede di detenere un investimento per raggiungere un obiettivo finanziario, che va dal breve termine (meno di 3 anni) al lungo termine (10 anni o più).

25. Volatilità
Il grado di variazione del prezzo di un titolo o di un mercato nel tempo. Un'alta volatilità indica grandi oscillazioni dei prezzi, mentre una bassa volatilità indica stabilità.

26. Rendimento
Il rendimento del reddito di un investimento, espresso in percentuale. Per le azioni, è tipicamente il rendimento da dividendi; per le obbligazioni, è il rendimento da interessi.

Apparecchiature e forniture software necessarie per iniziare a lavorare

Ecco un elenco di software, attrezzature e forniture per aiutarvi a iniziare a investire in borsa. Questi strumenti e risorse snelliranno il vostro flusso di lavoro, vi garantiranno un'organizzazione ottimale e miglioreranno il vostro processo decisionale.

Software
1. Piattaforme di trading

Robinhood (per i principianti, operazioni senza commissioni).
E*TRADE (strumenti completi per trader principianti ed esperti).
Fidelity (eccellente per gli investitori a lungo termine, include strumenti di ricerca).
TD Ameritrade (offre funzioni avanzate con la sua piattaforma thinkorswim).
Webull (Trading senza commissioni con grafici avanzati).

2. Strumenti di gestione del portafoglio

Morningstar Portfolio Manager: Traccia, analizza e ribilancia il portafoglio.
Capitale personale: Combina budgeting e analisi di portafoglio per una visione finanziaria olistica.
Portafoglio di Yahoo Finance: Tracciamento del portafoglio gratuito e facile da usare.

3. Strumenti di ricerca e analisi

Stock Rover: Analisi dettagliate, strumenti di confronto e monitoraggio del portafoglio.
Zacks Investment Research: Fornisce analisi e raccomandazioni sui titoli.
Seeking Alpha: Ricerca e analisi guidate dalla comunità.

4. Grafici e analisi tecnica

TradingView: Software grafico avanzato con indicatori personalizzabili.
MetaStock: Software di analisi tecnica completo per trader attivi.

5. Software fiscale e contabile

TurboTax Premier: è pensato per gli investitori per tracciare e segnalare guadagni e perdite.

Software fiscale H&R Block: include strumenti per gli investitori del mercato azionario.

6. Piattaforme educative

Coursera: corsi di investimento di università come Yale e Wharton.

Udemy: Corsi a prezzi accessibili sulle basi del mercato azionario e sulle strategie di trading.

Accademia Investopedia: Corsi specifici per i principianti del mercato azionario.

Attrezzatura

1. Computer o portatile

Gli investimenti richiedono un computer affidabile per la ricerca, il trading e l'analisi. Considerate:

Apple MacBook Pro: Noto per l'affidabilità e la lunga durata della batteria.

Dell XPS 15: prestazioni potenti per il multitasking. Lenovo ThinkPad: Ottimo per gli investitori attenti al budget.

2. Smartphone o tablet

L'accesso mobile è essenziale per il trading e la gestione del portafoglio in movimento. Dispositivi consigliati:

iPhone o iPad Apple: Compatibile con la maggior parte delle app di trading.

Serie Galaxy di Samsung: Alternativa Android con funzioni potenti.

3. **Monitor esterni**

Per seguire più azioni e grafici contemporaneamente.

   Dell UltraSharp U2723QE: display ad alta risoluzione per analisi dettagliate.
   Monitor LG UltraWide: Ottimo per il multitasking con più finestre.

4. **Archiviazione di backup**

Tenete al sicuro i vostri dati di investimento.

   Disco rigido esterno Seagate: Per il backup dei documenti finanziari.
   Archiviazione nel cloud (Google Drive o Dropbox): Archiviazione online sicura per un facile accesso.

5. **Connessione a Internet**

Una connessione Internet ad alta velocità è fondamentale per ottenere dati di mercato in tempo reale.

   Connessioni in fibra ottica: Consigliate per velocità elevate e stabili.

Forniture

1. **Quaderni o diari**

   Tenere traccia delle strategie di investimento, degli appunti e delle lezioni apprese.

   Taccuino intelligente Rocketbook: Riutilizzabile e integrabile con il cloud storage.
   Diario Moleskine: Un classico per gli appunti scritti a mano.

2. **Forniture organizzative**

   Organizzatore di file: Conserva estratti conto, contratti e documenti fiscali stampati.
   Creatore di etichette: Organizza i documenti fisici per un accesso rapido.

3. **Alimentatori di backup**

   Banca di energia portatile: Per ricaricare i dispositivi durante le interruzioni di corrente.
   Gruppo di continuità (UPS): Protegge il computer durante le interruzioni improvvise.

4. **Configurazione della scrivania**

   Scrivania regolabile: Per il comfort durante le lunghe ore di lavoro.
   Sedia ergonomica: Riduce la tensione durante i periodi di ricerca prolungati.

5. **Calcolatrice o strumenti finanziari**

   Calcolatrice finanziaria HP 12C: Specificamente progettata per i calcoli finanziari.
   Casio fx-991EX: un'opzione versatile ed economica.

Abbonamenti e servizi

1. **Servizi di notizie e dati**

   Il Wall Street Journal: Notizie economiche e finanziarie.
   Terminale Bloomberg: Servizio di fascia alta per i dati in tempo reale (ideale per gli investitori avanzati).
   Yahoo Finance Premium: Offre strumenti avanzati e un'esperienza senza pubblicità.

2. **Avvisi di mercato**

   Google Alerts: Avvisi personalizzati per azioni o settori specifici.

   Morningstar Alerts: Notifiche sulla performance e sugli aggiornamenti del portafoglio.

3. **Consulenti finanziari**

   Considerate la possibilità di consultare un pianificatore finanziario certificato (CFP) per creare una solida strategia di investimento.

Varie

Lavagna o bacheca: Visualizzare strategie, obiettivi o liste di controllo.

Cuffie con microfono: Per corsi online, webinar o consulenze virtuali.

Caffettiera o snack: Rimanete energici durante le lunghe sessioni di trading!

Elenco prioritario di elementi essenziali per iniziare a investire

Ecco un elenco semplificato di elementi essenziali per aiutarvi a iniziare in modo efficiente e senza spese inutili:

1. Software di trading e gestione del portafoglio

Questi strumenti vi permetteranno di fare trading, monitorare gli investimenti e gestire il vostro portafoglio:

Piattaforma di trading: Iniziate con una piattaforma facile da usare per i principianti e priva di commissioni, come Robinhood o Fidelity.

Tracciamento del portafoglio: Utilizzate Yahoo Finance Portfolio (gratuito) o Personal Capital per il monitoraggio e l'analisi del portafoglio.

2. **Computer o portatile affidabile**

Un portatile di fascia media è sufficiente per la maggior parte dei principianti. Considerate opzioni come:

Lenovo ThinkPad (economico e affidabile). Dell XPS 15

(per maggiore potenza e multitasking).

3. **Smartphone o tablet**

Per il trading mobile e gli avvisi:

Apple iPhone o Samsung Galaxy Series (compatibile con la maggior parte delle app di trading).

4. **Connessione a Internet**

Internet ad alta velocità (se possibile in fibra ottica) per garantire l'accesso in tempo reale ai dati di mercato e alle piattaforme di trading.

5. **Risorse educative**

Investite il vostro tempo nell'apprendimento con queste opzioni a prezzi accessibili:

Libro: Il piccolo libro degli investimenti di buon senso di John C. Bogle.

Corso online: Investire per principianti su Coursera o Udemy.

Sito web: Visitate regolarmente Investopedia per trovare definizioni e guide di facile comprensione.

6. **Un diario per gli appunti**

Tenere traccia delle strategie di investimento, degli apprendimenti e delle decisioni:

Rocketbook Smart Notebook (riutilizzabile e collegato al cloud storage). O semplicemente utilizzare un taccuino Moleskine standard.

7. **Organizzatore di file**

Per archiviare e gestire documenti importanti come conferme di operazioni, moduli fiscali ed estratti conto.

Organizzatore di file espandibile (compatto e portatile).

8. **Alimentazione e archiviazione dati di backup**

Per la sicurezza e l'affidabilità:

Banca di energia portatile: Mantiene in carica lo smartphone o il tablet.

Archiviazione in cloud: Opzioni gratuite come Google Drive o Dropbox per il backup dei file importanti.

9. Abbonamento alle notizie di mercato

Rimanete informati sulle ultime tendenze e aggiornamenti del

mercato: Opzione gratuita: Yahoo Finance o Google Alerts.

Opzione a pagamento: Un abbonamento al Wall Street Journal o a Morningstar Premium.

10. Strumento di calcolo facile da usare per i principianti

Se volete calcolare i rendimenti o comprendere le metriche finanziarie:

Utilizzate la calcolatrice integrata gratuita sul vostro smartphone o una semplice calcolatrice Casio.

11. Uno spazio di lavoro confortevole

Per periodi prolungati di ricerca e commercio: Sedia ergonomica:

Privilegiare il comfort.

Spazio per la scrivania: Inizialmente sarà sufficiente un semplice tavolo o una scrivania.

12. Componenti aggiuntivi opzionali (quando pronti)

Man mano che crescete, prendete in considerazione queste aggiunte:

Monitor esterno: Facilita il multitasking (ad esempio, il monitor LG UltraWide).

Strumenti grafici avanzati: TradingView per l'analisi tecnica (versione gratuita).

Software fiscale: Utilizzate TurboTax Premier durante la stagione fiscale per semplificare i rapporti.

I prossimi passi

Aprite un conto di intermediazione (ad esempio, Robinhood o Fidelity). Create una lista di titoli o ETF c h e vi interessano.

Allocate un piccolo capitale (quello che potete permettervi di perdere) e iniziate con fondi indicizzati o ETF.

Impegnatevi a imparare ogni giorno con contenuti educativi.

Risorse

Ecco un elenco curato di risorse per aiutarvi ad approfondire le vostre conoscenze e continuare a crescere come investitori:

Libri

L'investitore intelligente di Benjamin Graham
Una guida classica al value investing e alla comprensione dei principi del mercato.

Una passeggiata a caso per Wall Street di Burton Malkiel
Tratta un'ampia gamma di argomenti relativi agli investimenti e sostiene i fondi indicizzati a basso costo.

Il buon senso dei fondi comuni di John C. Bogle
Scritto dal fondatore di Vanguard, questo libro spiega i vantaggi degli investimenti in fondi indicizzati.

The Little Book of Common Sense Investing di John C. Bogle
Un'introduzione concisa e pratica agli investimenti indicizzati.

Uno su Wall Street di Peter Lynch
Esplora il modo in cui gli investitori di tutti i giorni possono identificare le opportunità e investire con successo.

La psicologia del denaro di Morgan Housel
Si concentra sugli aspetti comportamentali degli investimenti e del processo decisionale finanziario.

Papà ricco papà povero di Robert Kiyosaki
Offre un cambiamento di mentalità verso la creazione di ricchezza e l'indipendenza finanziaria.

La guida agli investimenti dei Bogleheads di Taylor Larimore, Mel Lindauer e Michael LeBoeuf
Una guida semplice agli investimenti a basso costo e a lungo termine.

Siti web e blog

Investopedia (investopedia.com)
Una risorsa completa per la terminologia, i concetti e le esercitazioni sull'investimento.

Morningstar (morningstar.com)
   Fornisce approfondimenti su fondi comuni, ETF e singole azioni.

The Motley Fool (fool.com)
   Notizie sugli investimenti, consigli e analisi dei titoli per principianti e investitori esperti.

Seeking Alpha (seekingalpha.com)
   Articoli e opinioni di un'ampia gamma di investitori e analisti.

Forum Bogleheads (bogleheads.org)
   Una comunità dedicata alla discussione sugli investimenti indicizzati e sulla finanza personale.

Yahoo Finanza (finance.yahoo.com)
   Notizie, quotazioni e strumenti di investimento per rimanere informati.

CNBC (cnbc.com)
   Aggiornamenti di mercato e notizie finanziarie in tempo reale.

Podcast

Il Podcast "Investire per principianti
   Semplifica i concetti complessi di investimento per chi è agli inizi.

Studiamo i miliardari (The Investor's Podcast Network)
   Contiene le lezioni di alcuni dei più grandi investitori del mondo.

Il Money Show di Motley Fool
   Offre un'analisi delle attuali tendenze di mercato e delle strategie di investimento.

Podcast BiggerPockets Money
   Si concentra sulla finanza personale e sulle strategie di costruzione del patrimonio.

Podcast sugli spiriti animali
Copre le tendenze del mercato, la finanza personale e la finanza comportamentale in modo accessibile.

Corsi online

Coursera (coursera.org)
"Investire per principianti: A Comprehensive Guide" (offerto dalle migliori università).

Udemy (udemy.com)
"Investire in borsa per principianti" - Accessibile e conveniente per i nuovi investitori.

Accademia Khan (khanacademy.org)
"Finanza personale" - Include lezioni sulle basi dell'investimento.

Morningstar Investing Classroom
Corsi interattivi gratuiti su fondi comuni, ETF, azioni e costruzione di portafogli.

Skillshare (skillshare.com)
Corsi sulle basi dell'investimento e sull'alfabetizzazione finanziaria tenuti da docenti esperti.

Applicazioni e strumenti

App Yahoo Finance
Seguite i dati di mercato, le notizie e la performance del vostro portafoglio.

Gestore di portafoglio Morningstar
Analizzate e monitorate i vostri investimenti in tempo reale.

Capitale personale
Aiuta a gestire il budget, a monitorare gli investimenti e a pianificare la pensione.

Robinhood Impara
Offre risorse educative gratuite per gli investitori principianti.

Piattaforme Fidelity o Vanguard
Molti conti di intermediazione dispongono di strumenti, calcolatori e contenuti didattici gratuiti.

Canali YouTube

Graham Stephan
Consigli di finanza personale e investimenti per principianti.

Andrei Jikh
Semplifica i concetti di investimento, concentrandosi sulle strategie a lungo termine.

Mostra di Joseph Carlson
Analisi dei portafogli e approfondimenti su dividendi e investimenti di valore.

Il Bagel semplice
Spiega argomenti finanziari complessi in modo facile da capire.

Educazione finanziaria
Suggerimenti per navigare nel mercato azionario e costruire ricchezza.

Prossimi passi:

Selezionate uno o due libri e iniziate a leggere. Inserite tra

i preferiti alcuni siti web per ricevere aggiornamenti

regolari.

Abbonatevi a un podcast o a un canale YouTube in linea con il vostro stile di apprendimento.

Prendete in considerazione la possibilità di seguire un corso online per rafforzare le vostre conoscenze di base.

Vogliamo ringraziarvi per aver acquistato questo libro e soprattutto per averlo letto fino alla fine. Ci auguriamo che la vostra esperienza di lettura sia stata piacevole e che vogliate informare la vostra famiglia e i vostri amici su Facebook, Twitter o altri social media.

Vorremmo continuare a fornirvi libri di alta qualità; a tal fine, vi dispiacerebbe lasciarci una recensione su Amazon.com?

Utilizzate il link qui sotto, scorrete circa 3/4 della pagina e vedrete immagini simili a quella qui sotto.

Vi siamo estremamente grati per la vostra assistenza.

Cordiali saluti,

Brian Mahoney
MahoneyProdotti editoriali

Potrebbe piacervi anche:

Come ottenere denaro per l'avvio di una piccola impresa: come ottenere ingenti somme di denaro da crowdfunding, sovvenzioni governative e prestiti governativi

https://rb.gy/9qjcv

o

www.amazon.com/dp/1951929144

www.ingramcontent.com/pod-product-compliance
Lightning Source LLC
LaVergne TN
LVHW012032060526
838201LV00061B/4569